स्पूल मैन ऑफ इंडिया

सपनों से सफलता तक का सफर

स्पूल मैन ऑफ इंडिया

सपनों से सफलता तक का सफर

चौधरी शिव जनम यादव

Worldwide Published by
Pendown Press

PENDOWN PRESS LLP

An ISO 9001 & ISO 14001 Certified Co.,

Regd. Office: 3767A, Kanhaiya Nagar,

Tri Nagar, Delhi-110035

Ph.: 8130886000, 9650072927

E-mail: info@pendownpress.com

Branch Office: 1A/2A, 20, Hari Sadan, Ansari Road,

Daryaganj, New Delhi-110002

Ph.: 011-45794768

Website: PendownPress.com

Edition: 2024

Price: ₹ 399/-

ISBN: 978-93-6338-442-2

Layout and Cover Designed by Pendown Graphics Team

Printed and Bound in India by Thomson Press India Ltd.

|| जय श्रीकृष्णा ||

यह किताब उन सभी व्यक्तियों के नाम है जिन्होंने मेरे सफर को प्रेरित किया, मेरे विश्वास को मजबूत किया, और सफलता की ओर मार्गदर्शन किया। यह मेरी यात्रा का एक छोटा सा हिस्सा है, जो आपकी शुभकामनाओं से ही पूरा हुआ।

विषय-सूची

आभार

मेरे माता-पिता, श्री अमर देव यादव और श्रीमती धनराजो देवी का, आप मेरे सबसे बड़े आदर्श हैं। आपके अटूट प्यार, मार्गदर्शन और मूल्यों ने ही मुझे आज यहां तक पहुंचाया है। मैं आपके द्वारा किए गए सभी कार्यों के लिए दिल से आभारी हूँ।

मेरी धर्मपत्नी का, जो हर परिस्थिति में मेरी साथी बनकर मेरे साथ खड़ी रहीं। आपने सभी पारिवारिक जिम्मेदारियों को बड़ी ही कुशलता और कर्तव्यनिष्ठा से निभाया। इसके लिए आपका तहे दिल से शुक्रिया।

मेरे बच्चों, पुष्पा, विकास, सुमान, अविनाश का, जो मेरी खुशी और प्रेरणा का स्रोत हैं। आपको ढेर सारा प्यार!

विकास स्पूल की मेरी टीम का, जो मेरे साथी, मार्गदर्शक और परिवार की तरह रहे हैं। इस सफर पर मेरे साथ चलने के लिए धन्यवाद।

हमारे ग्राहकों का, जिन्होंने इस यात्रा के दौरान अपने अनुभव और ज्ञान हमारे साथ साझा किए हैं - हम पर भरोसा करने और हमारी प्रेरणा बनने के लिए धन्यवाद।

मेरे मित्र, पेनडाउन प्रेस के सीईओ, श्री दिनेश वर्मा और उनकी टीम का, जिन्होंने इस पूरी क्रिएटिव प्रक्रिया में हमारा साथ दिया और अच्छे-अच्छे सुझाव दिए।

इस ब्रह्मांड का, जिसने मुझे इस किताब को पूरा करने के लिए विचार और शक्ति प्रदान की। हर कदम पर प्यार, समर्थन और मार्गदर्शन देने के लिए आभार।

और अंत में, हमारे सभी प्रियजनों का, जो इस यात्रा में मेरे साथ रहे हैं - आपके अटूट समर्थन, प्रोत्साहन और स्नेह के लिए धन्यवाद। भले ही आपके नाम का उल्लेख न किया गया हो, लेकिन आप हमेशा मेरे दिल में एक ख़ास स्थान रखते हैं।

आप सभी के सहयोग के बिना मेरा निश्चिंत होकर आगे बढ़ना संभव नहीं था।

OOOO

प्रस्तावना

यह पुस्तक मेरे 40 वर्षों के अनुभव, संघर्ष और सीख का परिणाम है। हर कदम पर, मैंने अपनी गलतियों से सीखा, नए विचारों को अपनाया और सफलता की नई परिभाषाएं गढ़ी। मेरे अनुभवों ने मुझे यह समझने का अवसर दिया कि व्यवसाय केवल लाभ प्राप्त करने का साधन नहीं है, बल्कि यह एक निरंतर सीखने और दूसरों को प्रेरित करने का माध्यम है।

वायर और केबल इंडस्ट्री के इस सफर में, मैंने देखा कि यह क्षेत्र न केवल तकनीकी चुनौतियों से भरा है, बल्कि यहाँ हर सफलता और विफलता के पीछे कठोर मेहनत, समर्पण और समय की आवश्यकता होती है। यही कारण है कि इस पुस्तक में, मैं उन महत्वपूर्ण पहलुओं पर प्रकाश डालना चाहता हूँ जो मुझे सफलता की ओर ले गए और मुझे विश्वास है कि यही बातें आपकी यात्रा में भी सहायक साबित होंगी।

इस पुस्तक का उद्देश्य सिर्फ जानकारी देना नहीं है, बल्कि आपके भीतर एक नई उम्मीद और प्रेरणा जगा कर, आपको अपने उद्योग में उत्कृष्टता की ओर प्रेरित करना है। यहां आप न केवल मेरे अनुभवों से सीखेंगे, बल्कि आप जानेंगे कि किस तरह से छोटी-छोटी बातों पर ध्यान देने से बड़े बदलाव संभव हैं।

ये किताब उन सभी के लिए है जो सफलता के नए रास्तों पर चलने के लिए तैयार हैं। उम्मीद है कि यह किताब आपके लिए भी उतनी ही प्रेरणादायक साबित होगी जितना कि यह मेरे लिए रही है।

आइए, मिलकर उन रास्तों को तलाशें, जो हमें और हमारे उद्योग को नई ऊँचाइयों तक ले जाएं।

परिचय

मेरा नाम चौधरी शिव जनम यादव है। मैं विकास स्पूल प्राइवेट लिमिटेड का संस्थापक और प्रबंध निदेशक हूँ। हम 700 से भी अधिक प्रकार के प्लास्टिक और मेटल के स्पूल्स बनाते हैं। हमारे पास भारत की स्पूल इंडस्ट्री का लगभग 60% मार्केट शेयर है। हमारी फैक्ट्री, जो कि भारत में स्पूल बनाने की सबसे बड़ी फैक्ट्री के रूप में जानी जाती है, यह तक़रीबन 10 एकड़ में फैली हुई है।

हमारी कंपनी की शुरुआत 1985 में हुई थी और वर्ष 2000 तक यह देश की सबसे बड़ी स्पूल कंपनी बन गई थी। आज यह दुनिया की 10 सबसे बड़ी स्पूल कंपनियों में से एक है, और हम प्रतिदिन लगभग 70,000 स्पूल बनाते हैं। हम प्लास्टिक की ट्यूब भी बनाते हैं, जिनमें वेल्डिंग रॉड और TIG रॉड पैक होते हैं। इसके अतिरिक्त, हम लोग प्लास्टिक का दाना भी बनाते हैं।

हमारी कंपनी में दो डायरेक्टर हैं - शिव जनम यादव और विकास यादव। विकास यादव मेरा बड़ा बेटा है और वह पिछले 14 वर्षों से कंपनी में मार्केटिंग और कस्टमर सर्विस का काम देख रहा है। हमारे कुल प्रोडक्शन का 60-70% हिस्सा प्रत्यक्ष या अप्रत्यक्ष रूप से एक्सपोर्ट होता है। जापान, यूरोप, अमेरिका, टर्की एवं मिडल ईस्ट में हमारा एक्सपोर्ट है। हम अब केवल स्पूल नहीं बल्कि वायर वाइंडिंग सोल्यूशन्स बनाते हैं।

"मेरे कस्टमर मुझे "स्पूल एक्सपर्ट" के रूप में देखते हैं।"

क़िताब का उद्देश्य

1. इस किताब का उद्देश्य, स्पूल एक्सपर्ट बनने की मेरी कहानी को अपने सभी पार्टनर्स के साथ शेयर करना और साथ ही,
2. कस्टमर को स्पूल की बारीकियों के प्रति जागरूक करना,
3. स्पूल के ज्ञान के अभाव में होने वाले नुकसान से कस्टमर को बचाना, और कस्टमर की ग्रोथ में सहयोग करना है।

मेरी यात्रा

मेरी कहानी 1984 में शुरू हुई, जब 19 वर्ष की आयु में उत्तर प्रदेश के बलिया जिला के एक गाँव दुर्गीपुर से मैं कई आशाओं और सपनों के साथ दिल्ली आया। मेरा जन्म सीमित साधनों वाले एक किसान परिवार में हुआ था। दिल्ली आकर मैंने एक कापर वायर बनाने की कंपनी में हैल्पर की नौकरी से अपने करियर की शुरुआत की। शुरूआती 3 महीनों में ही मैं ऑपिरटर बन गया, और अपने परिश्रम और लगन के कारण 8 महीने बाद उसी कंपनी का सुपरवाईजर बन गया।

एक ऑपरेटर के रूप में, मुझे नियमित रूप से खराब गुणवत्ता वाले स्पूल का उपयोग करने में समस्याओं का सामना करना पड़ता था। यह स्पूल तारों को उलझा देते थे, जिनके कारण उनमें गांठें पड़ जाती थीं, और वे बार-बार टूट जाते थे — और ऊपर से इनकी हैंडलिंग इतनी मुश्किल होती कि काम की रफ्तार भी थम जाती थी। यहां तक कि इनकी वजह से कर्मियों की सुरक्षा भी खतरे में पड़ जाती थी। उस वक्त मुझे एक बात का एहसास हुआ:

“इस समस्या में मुझे अवसर मिल सकता है।”

1985 में, मैंने 2nd हैंड स्पूल का व्यापार शुरू किया। मैंने 150 रुपये में एक साइकिल खरीदी, जिसका भुगतान मुझे 3 महीने में करना था। यह मेरा पहला बिजनेस लोन था, और स्पूल खरीदने के लिए जो 300 रुपये लगाए, वह मेरा पहला इक्विटी निवेश था। और इसी तरह, "चौधरी ट्रेडर्स" नाम के साथ मेरा पहला बिजनेस शुरू हुआ।

जितना मैं आगे बढ़ता गया, उतना ही ग्राहकों की जरूरतों और उनकी समस्याओं को बेहतर तरीके से समझ पाया। वायर वाइंडिंग और स्पूल की बेहतर समझ के साथ, मैंने भारत में केवल बेहतर स्पूल बेचने को अपना मिशन बना लिया। मैं तार निर्माताओं और उनके ग्राहकों के लिए खुशी लाते हुए अंतरराष्ट्रीय मानकों की बराबरी करना चाहता था और उनसे भी आगे निकलना चाहता था। लेकिन तब, तस्वीरें विपरीत थी, और मुझे जल्द ही एहसास हुआ कि एक ट्रेडर के रूप में, मेरे पास सीमित साधन थे और इससे मैं कुछ ख़ास बदलाव नहीं ला सकता था। इस कारण, परिवर्तन लाने और भारतीय तार कंपनियों को बेहतर सेवा देने की इच्छा के साथ, मैंने 1992 में मैन्युफैक्चरिंग में कदम रखा और 1995 में मैंने अपने बिज़नेस का नाम बदल कर "विकास ट्रेडिंग कंपनी" रखा। अब लक्ष्य केवल स्पूल बनाना नहीं था, बल्कि बेहतरीन स्पूल बनाना था, जो हर कसौटी पर खरा उतरे।

वर्ष 1999 तक दिल्ली के पीरागढ़ी में मेरी 2 छोटी फैक्टरियां थीं, लेकिन मेरी नज़रें हमेशा बड़े सपनों पर टिकी थीं।। वर्ष 2000 में, व्यापार की ग्रोथ और क्वालिटी प्रोडक्शन की जरुरत को देखते हुए, मैंने दिल्ली से बाहर बहादुरगढ़, हरियाणा में 1000 गज की फैक्ट्री में प्रोडक्शन का काम शुरू किया। शायद पढ़ने में यह बात हज़म न हो, लेकिन उस समय यह भारत की सबसे बड़ी पल्स्टिक स्पूल की फैक्ट्री थी— एक साधारण किसान के बेटे का असाधारण सपना साकार हो रहा था।

वर्ष 2005 में, हमारे सफर में एक बड़ा मोड़ आया जब "विकास ट्रेडिंग कंपनी" को एक नया रूप मिला और इसे बदलकर विकास स्पूल प्राइवेट लिमिटेड कर दिया गया। अगले 14 वर्षों तक विकास स्पूल

बहादुरगढ़ में ही ग्रो करती रही और 1000 गज से 6000 गज के वर्क स्पेस में तब्दील हुई। इस दौरान वायर इंडस्ट्री और देश की ग्रोथ के साथ साथ, हमने भी कदम से कदम मिलाया और निरंतर श्रेष्ठ क्वालिटी और कस्टमर सर्विस का उदाहरण बनते हुए, मार्केट में 60 से 65 प्रतिशत का शेयर बनाये रखा।

तार और केबल उद्योग को और बेहतर सेवा देने के लिए, मेरे बेटे विकास ने, 2011 में कंपनी में एक नए प्रोडक्ट की शुरुआत की - मेटल रील और ड्रम। यह हमारे लिए एक नया और चुनौतीपूर्ण क्षेत्र था, जहाँ हमें स्टील फेब्रिकेशन और मेटल रीलों की बारीकियाँ शुरू से सीखनी पड़ी। शुरुआत में हमें असफलताएं भी मिलीं, पर हमने हर प्रतिक्रिया को खुले दिल से स्वीकार किया और सीखने का सिलसिला जारी रखा। आख़िरकार, मेहनत रंग लाई और यात्रा अत्यधिक संतोषजनक और फलदायी रही। आज, हमारी डायनामिक बैलेंस्ड और एक्यूरेट स्टील रील्स न सिर्फ भारतीय बाजार में बल्कि अमेरिका और मिडल ईस्ट में भी करोड़ों रुपयों की बचत कर रही हैं, जो हमारे ग्राहकों के लिए एक गेम-चेंजर साबित हो रही हैं!

वर्ष 2019 में मैंने अपने जीवन का एक और ऐतिहासिक लक्ष्य हासिल किया। अपने लोगों की सुरक्षा और खुशी को ध्यान में रखते हुए, हमने हरियाणा के पटौदा में अपने नए "जॉय कैंपस" में शिफ्ट किया। यह जॉय कैंपस 10 एकड़ में फैला हुआ है। इसमें प्लास्टिक स्पूल, स्टील रील और प्लास्टिक दाने के लिए अलग-अलग 3 मैन्युफैक्चरिंग प्लांट्स हैं। इसके साथ ही, यहाँ परिसर में हमारे 300 लोगों के लिए आवासीय सुविधा भी उपलब्ध है, इसकी वजह से वे कार्यस्थल को एक घर की तरह समझते हैं। यह परिसर हमारे पिछले परिसर से कुल मिलाकर 16

गुना बड़ा है। यह एक बहुत बड़े अंतर से भारत और दुनिया की सबसे बड़ी स्पूल कंपनी में से एक है।

इस यात्रा में मेरी सबसे बड़ी साथी और प्रेरणा मेरी पत्नी आशा देवी रही हैं। वह पहले दिन से ही, यहां तक कि मेरे दिल्ली आने से पहले से ही, मेरे जीवन में एक मजबूत स्तंभ की तरह रही हैं। जब मैं 2nd हैंड स्पूल का व्यापार करता था, तब अक्सर अच्छे स्पूलों की छंटाई और धुलाई की ज़िम्मेदारी उन्हीं की हुआ करती थी। और जब मैंने मैन्युफैक्चरिंग शुरू करी, तो ओवरटाइम या छुट्टी के दिन काम करने वाले कर्मचारियों के लिए घर से ताजा बना खाना भी वही बना कर भेजती थीं। अब पता चला कि जो काम हम अनजाने में कर रहे थे, उसे आज फैमिली बिज़नेस कहा जाता है।

हमारे चार बच्चे हैं। दो बेटियाँ व दो बेटे। दोनो बेटियाँ, पुष्पा और सुमन, पेशे से डॉक्टर हैं। मेरा बड़ा बेटा विकास जैसा कि मैं बता चुका हूँ, पिछले 14 वर्षों से मार्केटिंग और कस्टमर सर्विस का काम देख रहा है और कंपनी की ग्रोथ में उसकी बहुत बड़ी भूमिका है। छोटा बेटा अविनाश फिल्म इंडस्ट्री में है। उसका मुम्बई में अपना खुद का फिल्म प्रोडक्शन हाउस है। कन्हैया जी की कृपा से, परिवार में सभी सुखी और खुशहाल हैं।

वर्ष 2012-2013 में, मैंने अपने बिजनेस की सोच को नई दिशा देने के लिए एसपी जैन इन्स्टीट्यूट से OMP का कोर्स किया। इस दौरान मैंने फोरेन इंडस्ट्रियल विजिट में भाग लेते हुए कोरिया, थाईलैण्ड और जापान की उत्तम कंपनियों का दौरा किया। जापान कि यात्रा के दौरान मैंने टोयोटा के TPS सिस्टम का गहन अध्ययन किया और उससे प्रभावित होकर अपने व्यापार में काम करने के तरीकों में बदलाव

लाया। इसके अलावा, मैं समय-समय पर नए कोर्स करता रहता हूँ, ताकि अपने बिज़नेस और कस्टमर की ग्रोथ में नई जान डाल सकूं।

शुरू से ही मेरा मानना रहा है कि मेरी सफलता गाँव में मेरे परिवार - मेरे भाई-बहनों, मेरे माता-पिता, मेरे दोस्तों और रिश्तेदारों और गाँव के पूरे समुदाय के समर्थन और शुभकामनाओं के बिना संभव नहीं होती। छोटा हो या बड़ा हर किसी ने अपने-अपने तरीके से मदद की। मैं उन सभी का आभार महसूस करता हूं। कृतज्ञता स्वरूप, मैं हमेशा अपने परिवार और अपने गाँव को कुछ वापस देने का प्रयास करता रहता हूँ। मैं अपने भाई-बहनों में सबसे छोटा हूं, लेकिन मेरे सपनों की ऊँचाई तक पहुँचने में उनकी भूमिका हमेशा सबसे बड़ी रही है। जितनी खुशी मुझे व्यापार से मिलती है, उतनी ही संतुष्टि उन पलों से होती है, जो मैंने अपने निजी जीवन में महसूस की हैं। इस सफर में मैंने अपने भाई-बहनों की आर्थिक यात्रा में भी योगदान दिया। उनके बच्चों की शिक्षा हो या विवाह, हर अवसर पर मुझे उनका सहारा बनकर गर्व महसूस होता है। मैंने अपने जीवन में अपनी कल्पना से ज़्यादा पाया, और आज भले ही मैं गुड़गांव में रहता हूँ, लेकिन मेरे दिल का एक बड़ा हिस्सा हमेशा अपने गाँव के साथ धड़कता है। मेरे जीवन का सबसे खास पल तब आया, जब अपना निजी मकान बनाने से पहले, 1995 में मैंने अपने गाँव के पैतृक मिट्टी के घर को एक सुंदर मकान में तब्दील किया। इस घर को सजाने और संवारने का सपना मेरे दिल में बसता था, और जब वो सपना पूरा हुआ, तो ऐसा लगा जैसे मैंने खुद को ही एक नई पहचान दे दी।

पिछले 40 वर्षों में मैंने अपने गाँव के सैकड़ों लोगो को ख़ुद से जोड़ा है और मुझे ख़ुशी है कि इतने सारे लोग हमारे विकास स्पूल परिवार का

आज एक अभिन्न हिस्सा हैं और कंपनी को अपनी कंपनी की तरह मानते हैं।

अपने पैतृक गाँव, कर्मभूमि झज्जर, और दिल्ली से मेरा जुड़ाव आज भी उतना ही गहरा है। चाहे शिक्षा हो या सामाजिक सेवा, इन कार्यों में मेरा उत्साह कभी कम नहीं हुआ। गाँव और शहर की भलाई के लिए मैं लगातार नए समाजसेवी परियोजनाओं से जुड़ा रहता हूँ और उन संपन्न लोगों को साथ लाने का प्रयास करता हूँ जो हमारे समाज के विकास के लिए अपना योगदान दे सकते हैं।

मेरी ग्रोथ का रहस्य

मैंने अपनी एक साल की नौकरी के दौरान काफी लगन और मेहनत से काम किया। 12 घंटे की ड्यूटी सुबह 8 से रात 8 बजे तक होती थी, लेकिन काम में इतना व्यस्त रहता था कि कब रात के 10-11 बज जाते और डयूटी ओवर हो जाती पता ही नहीं चलता था। काम के प्रति आज भी मैं यही भाव रखता हूँ।

बिजनेस के दौरान मैं घर से निकलते समय हमेशा यही सोचता था कि सीजन चाहे बढ़िया हो या मंदा, यह मेरे लिए मायने नहीं रखता। जब मार्केट में मंदी आती थी तो दो-चार नये कस्टमर जोड़ लेता था और जब तेजी आती और प्रोडक्शन शॉर्ट पड़ती तो 2 नई मशीनें खरीद लेता था। इसी तरह काम जोड़ते रहे, मेहनत करते रहे और देवी-देवताओं की कृपा हर कदम पर बरसती रही।

मैंने जिससे मदद माँगी, उसने मदद किया। जिससे जो भी वादा किया, ईश्वर की कृपा सें मैंने पूरा भी किया।

हम अपनी मौजूदा फैक्ट्री को फैक्ट्री नहीं, बल्कि जॉय कैम्पस कहकर बुलाते हैं। हमने 2016 में एक महत्वाकांक्षी फैसला लिया था - अपने वर्कर्स और फैक्ट्री स्टाफ के रहने के लिए आवासीय सुविधा बनाने का। दिसंबर 2019 में यह सपना पूरा हुआ। यहाँ हमने 300 लोगों के लिए आवासीय सुविधा के साथ साथ खेल-कूद का मैदान, गार्डन, सिक्योरिटी, हाउसकीपिंग, स्वास्थ्य और शिक्षा की भी व्यवस्था का ध्यान रखा है।

बहुत थोड़े ही समय में, मुश्किल क्षणों के दौरान, हमें इसका बहुत बड़ा लाभ भी मिला। कोविड-19 महामारी के दौरान एक नियम आया - जिस फैक्ट्री में वर्कर की रहने की सुविधा होगी, उनको फैक्ट्री चलाने की परमिशन दी जाएगी। इस नियम की वजह से हमारी कंपनी दिनांक 15.04.2020 को चालू हो गई थी जिसके कारण हमारे बिज़नेस में स्थिरता बनी रही और हमनें वर्ष 2020-2021 में भी ग्रो किया।

मेरे लिए कंपनी के हर कर्मचारी सिर्फ एक कर्मचारी नहीं, बल्कि परिवार का सदस्य हैं। मैं पूरी श्रद्धा और प्यार के साथ उनकी देखभाल करता हूं, क्योंकि उनका सुख-दुख मेरी अपनी खुशी और तकलीफ बन जाती है। मेरा यह सपना है कि देश के सबसे खुशहाल और संतुष्ट कर्मचारी विकास स्पूल परिवार के सदस्य हों।

कोविड-19 के समय में, जब हालात कठिन हो गए थे, हमारे जॉय कैम्पस में लगभग 280 लोग थे। उनको खाने पीने की सामग्री से लेकर सुविधाजनक जीवन जीने के लिए हमारी कंपनी की सीनियर टीम ने हर संभव सामग्री मुहैया करवाया।

इसके अलावा, उस समय, उनकी सेहत का ध्यान रखते हुए, मैंने अपने फैमिली डॉक्टर से बात की और फ़ोन पर ही कंसल्टेशन की व्यवस्था कराई। हमारी टीम के जिम्मेवार लोगों ने इस सिस्टम को सुचारु रूप से चलाया। जिनको भी थोड़ी सी दिक्कत लगती, डॉक्टर द्वारा उस कर्मचारी का कंसल्टेशन कराते और दवा मंगा कर देते। दवा और डॉक्टर की फीस दोनों का खर्चा कंपनी ने उठाया और सभी कर्मचारियों की परिवार की तरह देख-रेख की। नतीजा, हमारा पूरा परिवार स्वस्थ रहा और एकजुट भी।

यहां तक कि हमारे 90 प्रतिशत से अधिक कर्मचारी यही महसूस करते हैं कि यह उनकी अपनी कंपनी है। और यही हमारी असली सफलता है – एक ऐसा परिवार जहां हर सदस्य अपनी पूरी जिम्मेदारी और प्यार से काम करता है।

मैंने अपने सप्लायरों को हमेशा अपना ग्रोथ पार्टनर माना है। मेरा मानना है कि सप्लायरों की वजह से ही मेरी ग्रोथ है। बिजनेस में मेरी पूरी कोशिश रहती है कि हमारे सप्लायरों को कभी भी हमारी कंपनी से पेमेंट माँगने की जरूरत नहीं पड़नी चाहिए। हर हाल में उनकी पेमेंट समय से देय तिथि पर जानी चाहिए।

हमारी कंपनी में कई अच्छी कंपनियों की तरह एक सिस्टम है कि सप्लायरों की पेमेंट हर महीने की 10 और 25 तारीख को की जाती है। और इस सिस्टम का हमने 2020 के कोविड लाकडाउन में भी पालन किया। 24.03.2020 को जब वैश्विक महामारी ने पूरी दुनिया को झकझोर दिया, और देश में लॉकडाउन लागू हो गया, तब भी हमारी नीति में कोई बदलाव नहीं आया। हमने दिनांक 25.03.2020 ठीक अगले दिन, अपने सभी सप्लायरों की बकाया पेमेंट की। और फिर, दिनांक 07.04.2020 को अपने सभी कर्मचारियों की सेलरी का भुगतान किया। दिनांक 10.04.2020 को, एक बार फिर हमने अपने सप्लायरों को पूरी पेमेंट की और किसी को भी देर से भुगतान का सामना नहीं करना पड़ा।

दिनांक 11.04.2020 से मैंने अपने सभी कस्टमर्स को फोन करके उनका हाल-चाल पूछना शुरू किया और साथ में उनसे बोलता कि, "सर, हमारी पेमेंट कर दीजिए।" तो वो हैरान होकर कहते कि, "आप हमसे इस लाकडाउन में पेमेन्ट मांग रहे हो, तो मैंने उनको अपना

दिनांक 25.03.2020 से 10.04.2020 की बैंक ट्रांसजेक्शन भेजी और बताया कि सर हमने अपने सभी स्पलायरों और कर्मचारियों को समय पर पेमेन्ट की है और आप तो हमारे कस्टमर हैं, मुझे आशा है कि आप भी हमारी बकाया पेमेंट समय पर कर देंगे। और नतीजा क्या हुआ? हमारे सभी कस्टमर्स ने न सिर्फ हमें भरोसा दिया, बल्कि खुशी-खुशी पेमेंट की और हमारे बिजनेस को सपोर्ट किया।

यह साबित करता है कि एक ईमानदार सोच, पूरी लगन, परिश्रम, और ईश्वर के प्रति कृतज्ञता – ये वो मूल तत्व हैं जो मुश्किल से मुश्किल हालात में भी हमारे जीवन और कारोबार को ऊपर उठाते हैं। मेरे लिए, ग्रोथ का असली रहस्य यही है – चाहे परिस्थितियाँ कैसी भी हों, सच्चाई और मेहनत के रास्ते पर चलते रहना!

❍❍❍❍

सकारात्मक प्रतिक्रिया

चौधरी शिव जनम यादव जी, आपके अनुभव और सलाह ने हमारे व्यवसाय को काफी लाभ पहुंचाया। आपके प्रभावी समाधानों ने हमारी सभी समस्याओं का समाधान किया। आपके समय और विशेषज्ञता के लिए धन्यवाद सर।

श्री विनोद पाटिल
प्लांट इंचार्ज (एस एस वायर डिवीज़न)
के ई आई इंडस्ट्रीज़ लिमिटेड

❖ ❖ ❖

आपके बारे में जितना बोलें कम है। आपकी सलाह ने हमारे लिए नए रास्ते खोले हैं। हमारा नज़रिया बदलने और आपके समर्थन के लिए आपका दिल से धन्यवाद।

श्री प्रतीक घेवर चंद सांघवी
डायरेक्टर
वीनस वायर इंडस्ट्रीज़ लिमिटेड

❖ ❖ ❖

अध्याय 1

मैन्युफैक्चरिंग की शुरूआत

"सपने वो नहीं जो हम सोते वक्त देखते हैं,
सपने वो हैं जो हमें सोने नहीं देते।"
— ए. पी. जे. अब्दुल कलाम

1992 की शुरुआत तक कापर और एल्यूमीनियम वायर की वाईडिंग लकड़ी के स्पूल्स मे हुआ करती थी। लकड़ी की स्पूल बरसात के दिनों में नमी से खराब हो जाती थी। स्पूल की प्लाई फट जाती थी, वज़न बढ़ जाने से वायर मैन्युफैक्चर कम्पनियों को भारी नुकसान उठाना पड़ता था। साथ ही, लकड़ी के स्पूल बनाने के लिए पेड़ काटे जा रहे थे, जिससे प्रकृति को भी नुक़सान हो रहा था।

लेकिन मैं ठान चुका था, "इस समस्या का समाधान हम खुद करेंगे।" तभी मेरे दिमाग में एक आइडिया आया: प्लास्टिक का स्पूल बनाने का! उस समय आयल बेस एल्युमिनियम वायर बना करता था, जो 125 MM की लकड़ी के स्पूल में वायर वाइंड होकर ट्यूबलाईट की चोक इंडस्ट्री में इस्तेमाल होता था। उस स्पूल में एक किलोग्राम एल्युमिनियम वायर और 300 ग्राम स्पूल का वजन मिलाकर 1.300 किलोग्राम वजन का किराया लगता था।

यह वायर महाराष्ट्र और गुजरात में बना करता था। लेकिन लकड़ी के स्पूल खराब होने से वायर के भारी नुकसान को कम्पनियां उठा रही थी। कोई दूसरा विकल्प भी नहीं था। तब मैंने 110 ग्राम के प्लास्टिक स्पूल्स बनाना शुरू किया और उसकी सप्लाई शुरू की मानो उस एक निर्माण से मार्केट में एक बड़ी क्रांति आई। कस्टमर की एक बहुत बड़ी समस्या का समाधन विकास स्पूल ने किया।

यही समस्या कापर वायर में भी थी और मैंने उसको भी दूर किया। 200 MM & 250 MM के प्लास्टिक स्पूल बनाए। इससे वायर मैन्युफैक्चरिंग कंपनियों की समस्या हल हुई, और साथ ही हमने प्रकृति का भी बचाव किया।

इसका ये असर हुआ कि वायर कम्पनियों ने प्लास्टिक स्पूल्स रिटर्नेबल बेसिस पर पुनः यूज करके अपनी बड़ी रकम की बचत का फायदा उठाया। भारत में इस बदलाव का बहुत बड़ा श्रेय विकास स्पूल को जाता है। हमारे कस्टमर्स ने ग्रो किया और उनके साथ-साथ हमारा भी ग्रोथ हुआ।

आज हम कापर और एल्युमीनियम वायर के लिए सैकड़ो स्पूल बनाते हैं। रेगुलर इस्तेमाल होने वाले सिलिंड्रिकल स्पूल के अलावा टेपर बैरल सीरीज भी बनाते हैं - जिसमे PT 1 से लेकर PT 200 तक के साइज शामिल हैं और यह स्पूल्स 1 किलो से 200 किलो तक वायर पैक करने के काम आता हैं।

अध्याय 2

SS वायर और विकास स्पूल

"सफलता का कोई रहस्य नहीं है, यह केवल कड़ी मेहनत, समर्पण और सीखने की निरंतर प्रक्रिया का परिणाम है।"
– सचिन तेंदुलकर

वर्ष 1990 से 1995 के दौरान स्टेनलेस स्टील का फाईन वायर बनना स्टार्ट हुआ। उस दौरान भारत में मात्र तीन कम्पनियां स्टेनलेस स्टील का फाईन वायर बनाती थी - 1. ड्रोमेट वायर, (भिवाड़ी) 2. साईन वायर (मुज्जफरनगर) 3. कन्टीनेंटल प्रोफाईल (फरीदाबाद)।

इन कम्पनियों को फाईन वायर के लिए अच्छी क्वालिटी का स्पूल मिलना बहुत बड़ी समस्या थी। विकास स्पूल ने इनकी समस्या को समझते हुए DIN स्टैण्डर्ड के स्पूल डेवलप किये।

पहले जो मोल्ड बनाये वो बहुत अच्छे नहीं बने क्योंकि न मुझे और न कस्टमर को इन स्पूलों की बारीकियों की समझ थी। लेकिन हमारी सोच ने हमें रुकने नहीं दिया। पहले बने मोल्ड, जो अच्छे नहीं थे, उनको स्क्रैप किया और हमने दोबारा प्रयास करके अच्छी क्वालिटी का मोल्ड डेवलप किया और कामयाबी हासिल की।

वर्ष 1994-2000 के बीच, भारत में स्टेनलेस स्टील फाईन वायर के क्षेत्र में एक क्रांति आई और लगभग 8-10 कंपनियों ने ये वायर बनाना शुरू

किया। बंसल वायर, राजरतना मेटल, विनस वायर, गर्ग इनॉक्स, KEI, नेवेटीया स्टील, इन्दौर वायर, विराज प्रोफाईल - **इन सभी कम्पनियों को विकास स्पूल ने स्पूलिंग सोलुशन दिया।**

वायर वाईडिंग में आने वाली सभी समस्याओं का समाधान देते हुए विकास स्पूल वर्ष 2000 तक देश की सबसे बड़ी स्पूल कंपनी बन गई। देश की 65 प्रतिशत मार्केट शेयर के साथ, SS Wire इंडस्ट्री में विकास स्पूल्स का 80 प्रतिशत स्पूल यूज होता है।

स्टेनलेस स्टील फाईन वायर मैन्युफैक्चरों को इन बातों का ध्यान रखना चाहिए:

1. डोमेस्टिक मार्केट में 0.35 एमएम से उपर मोटी वायर में PP NP का इस्तेमाल किया जा सकता है, लेकिन ध्यान रखें कि ट्रांसपोर्टेशन की दूरी 200 किलोमीटर से अधिक न हो।
2. 0.20 एमएम से 0.35 एमएम तक SS वायर में ABS NP का स्पूल उपयोग कर सकते हैं।
3. 0.20 एमएम से पतले SS वायर में ABS Prime का ही स्पूल इस्तेमाल होना चाहिए।
4. ब्रेडिंग वायर में कभी भी PP का स्पूल उपयोग नहीं होना चाहिए। ABS का ही स्पूल यूज होना चाहिए।
5. एक्सपोर्ट मार्केट में हमेशा ABS Prime का स्पूल यूज करना चाहिए क्योंकि शिप में लगने वाले झटके रोड़ पर लगने वाले झटके से बहुत ज्यादा होते हैं ।

6. स्पूल का ब्रेकिंग लोड मापना चाहिए।
7. स्पूल का ड्रोप टेस्ट भी मापना चाहिए।
8. प्राईम स्पूल में आयल की मात्रा प्रति 1 Kg में 10 ml से कम होना चाहिए।
9. नॉन प्राईम स्पूल में आयल की मात्रा 1 Kg में 5 ml से कम होना चाहिए।
10. SS वायर में कभी स्पूल रियूज नहीं करने चाहिए।
11. एक मशीन पर एक समय में सिर्फ एक ही मोल्ड से बने स्पूल्स का ही उपयोग करना चाहिए।

⊘⊘⊘⊘

अध्याय 3

स्ट्रिप्स के लिए इनोवेशन

कापर एवं एल्युमिनियम स्ट्रिप

"इनोवेशन का मतलब सिर्फ नए आइडिया नहीं, बल्कि उस आइडिया को लागू करने का तरीका है।"

– स्टीव जॉब्स

वर्ष 2005 से 2010 के बीच जब कापर और एल्युमिनियम स्ट्रिप्स का प्रोडक्शन शुरू हुआ, तो बाजार में एक बड़ी समस्या चल रही थी – लकड़ी की प्लाई से बने स्पूल्स में वाइंडिंग का प्रयोग। इन स्पूल्स की एक बड़ी कमजोरी थी – प्लाई का फटना, जिससे स्ट्रिप्स डैमेज हो जाते थे और कस्टमर्स को भारी नुकसान उठाना पड़ता था। यह एक ऐसी चुनौती थी, जो इंडस्ट्री को काफी परेशान कर रही थी।

लेकिन विकास स्पूल ने इसे एक अवसर के रूप में देखा और इस समस्या का एक नायाब समाधान निकाला। हमने प्लास्टिक के स्पूल्स को 310 MM से लेकर 560 MM तक के आकार में डेवलप किया। ये स्पूल्स इतने मजबूत और टिकाऊ थे कि कस्टमर्स ने इनका उपयोग रिटर्नेबल बेस पर 15 से 20 बार तक किया, जिससे उनकी पैकेजिंग लागत 8 गुना तक घट गई।

इन स्पूल्स की सफलता ने हमें और भी आगे बढ़ने की प्रेरणा दी। कस्टमर्स के साथ मिलकर, हमने 560 MM से लेकर 1000 MM तक के और भी स्पूल्स डेवलप किए, जो न सिर्फ लागत में बचत करते थे, बल्कि इनकी मजबूती और दक्षता ने हमारी कंपनी को एक नई ऊंचाई पर पहुंचा दिया।

अब, हर बार जब एक कस्टमर इन स्पूल्स को वापिस भेजता है, तो हम यह नहीं सोचते कि ये सिर्फ एक स्पूल है – हम इसे एक ऐतिहासिक कदम के रूप में देखते हैं, जिसने न केवल हमारी कंपनी को बल्कि इंडस्ट्री को भी एक नई दिशा दी।

⃠⃠⃠⃠

अध्याय 4

वेल्डिंग वायर स्पूल

"सिर्फ एक चीज़ आपको असंभव लगती है, जब तक आप उसे हासिल करने की कोशिश नहीं करते।"

– बराक ओबामा

वेल्डिंग वायर वाईडिंग करते समय ध्यान रखने की बातें:

1. **वाइंडिंग मशीन में स्पूल लोड करने के बाद चेकनेट को सही से टाइट करना:** जब आप स्पूल को वाइंडिंग मशीन पर लगाते हैं, तो यह सुनिश्चित करें कि चेकनट कितना टाईट किया जा रहा है। अगर टाईटिंग बहुत ज्यादा की जाएगी, तो लेयर अच्छे से नहीं बैठ पाएंगे जिससे काम में रुकावट आ सकती है।
2. **मशीन के डांसर का टेंशन चेक करें:** डांसर का टेंशन सही होना बेहद जरूरी है, क्योंकि गलत टेंशन से वेल्डिंग वायर की सटीक वाइंडिंग में दिक्कत आ सकती है।
3. **स्पूल लोडिंग का सही तरीका:** स्पूल को हमेशा एक ही साइड से मशीन पर लोड करें। अगर आप इसे दोनों साइड से लोड करते हैं, तो लेयर वाईडिंग पर असर पड़ेगा।

4. **Traverse Length का चयन:** लेयर वाईडिंग के लिए Traverse Length 90.40 MM & 89.90 MM दो तरह के स्पूल होते है। ये दोनों स्पूल विभिन्न परिस्थितियों में उपयोग किए जाते हैं, लेकिन सही चयन के लिए ख़ास अनुभव होना जरूरी है, अगर आप भी ये समझना चाहते हैं तो आप हमसे सम्पर्क कर सकते हैं।

विकास स्पूल में हम वेल्डिंग वायर की रैंडम और लेयर वाइंडिंग के लिए कई तरह के स्पूल बनाते हैं। हमारी SD सीरीज में SD 100 से SD 300 तक विभिन्न स्पूल उपलब्ध हैं, और SH 390 और SH 460 जैसे स्पूल भी हमारे कस्टमर्स के लिए तैयार हैं, जो वेल्डिंग वायर में बेहतरीन परफॉर्मेंस और स्टेबिलिटी सुनिश्चित करते हैं।

अध्याय 5

मेटल स्पूल

"अगर आप सफल होना चाहते हैं, तो अपना काम करें और दूसरों की नक़ल न करें।"
– बिल गेट्स

विकास स्पूल में हम 30 माईक्रोन तक की वायर ड्राइंग के लिए मेटल स्पूल बनाते हैं, जो गुणवत्ता और परफॉर्मेंस में बेजोड़ होते हैं। हमारे इन-हाउस प्रोसेस के तहत, हम 100 MM से लेकर 3000 MM तक के स्पूल्स को अत्यधिक सटीकता के साथ तैयार करते हैं, जिससे किसी भी स्पूल की परफॉर्मेंस और ड्युरेबिलिटी में कोई भी कमी नहीं आती।

हमारे सीएनसी टर्निंग लेथ मशीनों पर की गई मशीनिंग से हर स्पूल का निर्माण एकदम प्रिसाइस और परफेक्ट होता है, और कम्प्युटराइज्ड बैलेंसिंग से इन स्पूल्स की गुणवत्ता और भी निखर कर सामने आती है। हमारी कंपनी के बने मेटल स्पूलस का इस्तेमाल कर हमारे कस्टमर अपनी मशीन की लाईफ बढ़ाते है तथा बिजली के बिल में भी बचत करते है।

हम विभिन्न प्रकार की हाई-प्रोफाइल मेटल स्पूल्स बनाते हैं, जो हर ग्राहक की विशेष जरूरत को ध्यान में रखते हुए तैयार किए जाते हैं।

मेटल स्पूल

अमेरिका के एक बहुत बड़े कापर वायर मैन्युफैक्चरिग कंपनी का मानना है कि "जो संतुष्टि विकास स्पूल से हमें मिली है, वो आजतक कहीं नहीं मिली।"

अध्याय 6

प्लास्टिक ट्यूब

"कड़ी मेहनत का कोई विकल्प नहीं होता है"
– थॉमस एडिसन

हम विकास स्पूल में मॉडर्न ब्लो मोल्डिंग तकनीक के साथ प्लास्टिक ट्यूब्स का प्रोडक्शन करते हैं। हमारे पास 5 उन्नत ब्लो मोल्डिंग मशीनें हैं जो हमें 300 MM से लेकर 1020 MM तक की विभिन्न आकारों की ट्यूब्स बनाने में सक्षम बनाती हैं।

हर ट्यूब को बेहतरीन मजबूती और टिकाऊपन के साथ तैयार किया जाता है, ताकि यह हर चुनौती का सामना कर सके। चाहे आपकी आवश्यकता छोटी हो या बड़ी, हमारे पास आपके लिए सही साइज और स्पेसिफिकेशन में ट्यूब मौजूद हैं ।

भारत में ही नहीं, बल्कि दुनिया के कई देशों में हमारे प्लास्टिक ट्यूब्स की मांग है। हमारे ग्राहकों को सिर्फ एक प्रोडक्ट नहीं, बल्कि भरोसे का अनुभव मिलता है, और यही कारण है कि हम ग्लोबल मार्केट में भी अपनी जगह लगातार बनाए हुए हैं।

असली गुणवत्ता और परफॉर्मेंस का अनुभव करने के लिए, आप हमारे प्लास्टिक ट्यूब्स को आजमां सकते हैं – जो हैं मजबूत, विश्वसनीय और हर बार बेहतरीन रिजल्ट्स देने वाले।

प्लास्टिक टयूब

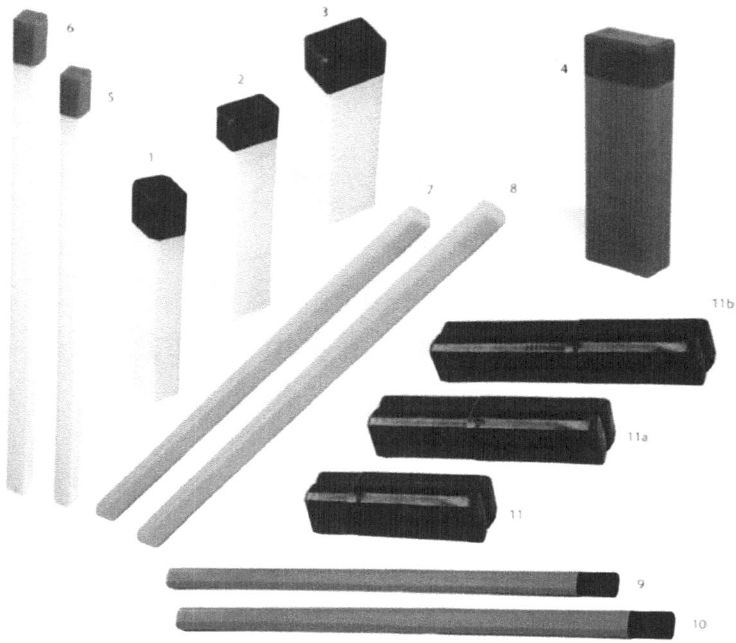

अध्याय 7

वाईंडिंग से पहले 7 महत्वपूर्ण बातें

"सफलता का कोई शॉर्टकट नहीं होता। मेहनत, समझदारी और लगातार सुधार से ही श्रेष्ठता पाई जाती है।"
– हेनरी फोर्ड

वायर वाइंडिंग में सफलता का राज़ सिर्फ़ मशीनरी में नहीं, बल्कि सही स्पूल चुनने में भी छिपा है। गलत स्पूल का चुनाव आपकी वायर को स्क्रैप बना सकता है, कस्टमर को नाराज कर सकता है, और आखिरकार आपके ब्रांड की प्रतिष्ठा पर असर डाल सकता है। आइए, जानें वे महत्वपूर्ण बिंदु जो आपको ध्यान में रखने चाहिए:

1. **सही स्पूल का चुनाव:** याद रखें, स्पूल का सही चुनाव आपकी वायर की क्वालिटी और मशीन की परफॉर्मेंस के लिए उतना ही महत्वपूर्ण है जितना आपके लिए ग्राहक की संतुष्टि। अगर स्पूल गलत चुन लिया, तो खाली होने के समय वायर फंस सकती है, टूट सकती है, या स्क्रैप में बदल सकती है, जिससे आपका कस्टमर और आप परेशान हो सकते हैं। इसके लिए ध्यान देने वाली कुछ बातें:

    - **वायर का साइज:** जितनी फाइन वायर होगी, उतना ही अधिक स्ट्रेस उस पर रहेगा। सही स्पूल के बिना यह तनाव आपकी वायर को जल्दी खराब कर सकता है।

- **हार्ड वायर vs सॉफ्ट वायर:** किस तरह की वायर का इस्तेमाल हो रहा है – हार्ड या सॉफ्ट? सही स्पूल का चुनाव इस आधार पर करें कि आपके कस्टमर की ज़रूरत क्या है और वायर की प्रकृति क्या है।

- **वायर का UTS (Ultimate Tensile Strength):** वायर का UTS जानना अनिवार्य है ताकि टेंशन और टार्क को सही तरह से मैनेज किया जा सके। उच्च UTS वाली वायर के लिए अधिक मजबूत और टिकाऊ स्पूल चाहिए होता है।

2. **वायर का वाइंडिंग टेंशन:** वाइंडिंग के समय टार्क और टेंशन की बारीकी से जांच करें। यदि टार्क ज़्यादा है तो टेंशन भी बढ़ेगी और इससे वायर की क्वालिटी प्रभावित हो सकती है और स्पूल भी टूट सकता है ।
3. **स्पूल की फिनिशिंग कैसी होनी चाहिए?**
4. **स्पूल में रनआउट अधिकतम कितना होना चाहिए?**
5. **एक्सपोर्ट vs डोमेस्टिक मार्केट:** वायर एक्सपोर्ट होगी तो स्पूल को खाली होने में 3-4 महीने से ज़्यादा का भी समय लग जाता है इसलिए स्पूल की क्वालिटी अच्छी होनी चाहिए।
6. **स्पूल के अन्दर वाईडिंग एरिया में पार्टिंग लाईन बिल्कुल भी नहीं होनी चाहिए।**
7. **FIFO का पालन करें (First In, First Out):** जिस स्पूल को पहले खरीदा है, उसे पहले इस्तेमाल करें ताकि सभी स्पूल सही समय पर उपयोग में आएं और उनकी गुणवत्ता बनी रहे।

इन बिंदुओं का ध्यान रखते हुए ही आप अपने कस्टमर को बेहतरीन वायर और विश्वसनीयता प्रदान कर सकते हैं। सही स्पूल के साथ ही बनेगी परफेक्ट वाइंडिंग और तब ही आपके ब्रांड का नाम चमकेगा – क्योंकि कस्टमर के पास लौटाने की नहीं, बल्कि तारिफ़ करने की वजह होनी चाहिए।

अध्याय 8

5 बड़ी गलतियाँ

"आप कितनी बार गिरे, यह मायने नहीं रखता, मायने यह रखता है कि हर बार गिरने के बाद आपने क्या सीखा।"
— नेल्सन मंडेला

कभी-कभी छोटी-छोटी गलतियाँ बड़े नुकसान का कारण बन जाती हैं, खासकर जब बात आती है वायर इंडस्ट्री में सही स्पूल के चुनाव की। यहाँ पाँच ऐसी आम गलतियाँ दी गई हैं, जिनसे दूर रहना जरूरी है:

1. **डोमेस्टिक मार्केट में यूज होने वाले स्पूल को एक्सपोर्ट में यूज करना:** एक्सपोर्ट के लिए वही स्पूल काम आता है जो ट्रांसपोर्ट के झटकों और लंबे समय तक होने वाले इंतज़ार की मार झेल सके। डोमेस्टिक मार्केट में यूज होने वाले स्पूल से काम चलाने का मतलब एक्सपोर्ट मार्केट में कस्टमर की नाराज़गी मोल लेना है।याद रहे, सस्ता विकल्प महंगा साबित हो सकता है!
2. **फाइन वायर में PP NP स्पूल का इस्तेमाल:** फाइन वायर में PP NP स्पूल लगाना वैसा ही है जैसे नाजुक माल पर कमजोर सुरक्षा कवच लगाना। इससे वाइंडिंग में प्रॉब्लम आ सकती है और यह फाइन वायर को खतरों में डाल सकता है।

3. **सस्ते स्पूल से पैकेजिंग कॉस्ट बचाना:** सस्ते स्पूल को चुनना सिर्फ पैकेजिंग की कॉस्ट बचाने के लिए, लेकिन ऐसा करना कहीं न कहीं अंत में बड़ा नुकसान बनकर सामने आता है। याद रखें, पैकेजिंग में निवेश करना आपके उत्पाद की सुरक्षा और गुणवत्ता को बढ़ाता है।
4. **एक ही स्पूल को बार-बार इस्तेमाल करना:** पुराना स्पूल जितनी बार रियूज होता है, उतनी ही उसकी ताकत घटती जाती है। कमजोर के टूटने का रिस्क काफी होता है और यह आपके लिए काफी नुकसानदायक साबित हो सकते हैं। इसलिए, स्पूल की लाइफ को पहचानें और समय रहते बदलाव करें।
5. **साधारण फैब्रिकेटर से लोहे का स्पूल बनवाना**: कम कीमत के चक्कर में कई ग्राहक नॉन-स्टैंडर्ड फैब्रिकेटर से लोहे के स्पूल बनवाते हैं। ये स्पूल दिखने में तो अच्छे लगते हैं, लेकिन असल में ये वायर क्वालिटी और मशीन की सेफ्टी दोनों को खतरे में डाल सकते हैं। एक मजबूत और गुणवत्ता से भरा स्पूल ही आपके व्यवसाय की रीढ़ है!

याद रखें: गुणवत्ता से समझौता करना हमेशा महंगा साबित होता है। इन गलतियों से बचकर आप अपने बिज़नेस को न सिर्फ सुरक्षित रख सकते हैं, बल्कि अपने ग्राहकों का भरोसा भी जीत सकते हैं।

अध्याय 9

स्पूल का रख-रखाव

"अनुशासन और देखभाल के साथ किया गया काम सफलता को सुनिश्चित करता है। सबसे महत्वपूर्ण वह है जिसे हम हल्के में लेते हैं।"

– बेंजामिन फ्रेंकलिन

स्पूल्स की देखभाल कोई साधारण काम नहीं है। यहां कुछ बेहद जरूरी बिंदु दिए गए हैं जो आपके स्पूल्स को मजबूत और उनकी परफॉर्मेंस को बेहतर बनाए रखने में मदद करेंगे:

1. **डायरेक्ट सनलाईट से दूर रखें:** स्पूल्स को सीधे धूप में रखने से उनकी गुणवत्ता और मजबूती पर असर पड़ता है। याद रखें, कड़ी धूप में स्पूल्स सिर्फ गरम नहीं होते, बल्कि उनकी लाइफ भी कम हो जाती है।
2. **FIFO सिस्टम अपनाएं:** पुराने स्टॉक को पहले इस्तेमाल करना ही स्मार्ट तरीका है। इससे स्पूल्स में स्ट्रेंथ लॉस होने का खतरा कम हो जाता है।
3. **ABS स्पूल्स का समय से उपयोग:** 6 महीने बाद ABS स्पूल्स की स्ट्रेंथ घटने लगती है। ऐसे में अपने स्टॉक का हिसाब रखें और समय पर वाइंडिंग पूरी करें।

4. **स्पूल्स की स्टैकिंग में सावधानी बरतें:** स्पूल्स को बहुत ज्यादा ऊंचाई पर रखने से उनके बेंड होने का रिस्क बढ़ता है। स्ट्रक्चरल स्टैकिंग से इस समस्या से बचा जा सकता है।
5. **रैकिंग सिस्टम से स्टोरेज करें:** स्टोर में रैकिंग सिस्टम से जगह को मैनेज करें और स्पूल्स को सुरक्षित रखें। व्यवस्थित स्टोरेज स्पूल्स की लाइफ और क्वालिटी को बढ़ाता है।
6. **अनलोडिंग में रखें ध्यान:** स्पूल्स को गिराने या उठाई-पटक करने से बचें। एक मामूली सी लापरवाही भी स्पूल्स को डैमेज कर सकती है, जो आपके प्रोडक्शन को प्रभावित कर सकती है।

इन नियमों का पालन करके आप अपने स्पूल्स को टिकाऊ बनाए रख सकते हैं और काम में आने वाली रुकावटों को कम कर सकते हैं।

अध्याय 10

विकास स्पूल का इंफ्रास्ट्रकचर

"आप दुनिया में जो बदलाव देखना चाहते हैं,
वह बदलाव आप ही बनिए।"
– महात्मा गांधी

विकास स्पूल के इन्फ्रास्ट्रक्चर का हर हिस्सा बेजोड़ गुणवत्ता और बेमिसाल क्षमता का प्रतीक है। कंपनी के इस इन्फ्रास्ट्रक्चर का निर्माण ऐसा है कि यहां हर चीज़, हर सिस्टम, और हर सुविधा एक उद्देश्य को पूरा करती है – "सर्वश्रेष्ठ गुणवत्ता, टिकाऊपन, और कार्यकुशलता।"

1. विकास स्पूल की QC टीम फाईन इंजीनियर्स की 12 लोगों की टीम है।
2. हमारे पास टेंसाइल टेस्टिंग की 10 टन और 20 टन की अत्याधुनिक मशीने हैं।
3. ड्राप टेस्टिंग की सेमी-आटोमेटिक मशीन
4. रॉ मैटेरियल की गुणवत्ता चेक करने की मशीनें
5. मेटल स्पूल की बैलेंसिंग मशीनें
6. इन-हाउस पेंट शॉप
7. इन-हाउस पाउडर कोटिंग
8. इन-हाउस प्लास्टिक रीसाइक्लिंग

9. मोल्ड मेकिंग टूल रूम
10. 50 इंजेक्शन मोल्डिंग मशीनें - 130 टन से 2400 टन – प्रोडक्ट वेट 200 Gram से 25 Kilogram
11. 5 ब्लो मोल्डिंग मशीनें
12. कम्पलीट पावर बैकप जेनसेट
13. 1100-kW रूफ टॉप सोलर प्लांट
14. 1.6 मेगावाट बिजली कनेक्शन
15. ETP प्लांट
16. STP प्लांट
17. कूलिंग एंड चिलिंग सेटअप
18. कैम्पस में वे-ब्रिज की सुविधा
19. मेटल फेब्रिकेशन प्लांट
20. कैन्टीन सुविधा - लंच एण्ड डिनर
21. 300 लोगों के लिए आवासीय परिसर
22. खेल-कूद का मैदान
23. कर्मचारियों का मेडिकल कवर
24. ट्रेनिंग सेंटर
25. कंपनी में ट्रांसपोर्ट सुविधा

विकास स्पूल का इन्फ्रास्ट्रक्चर न केवल हमारे वर्तमान को मजबूत बना रहा है, बल्कि यह भविष्य के लिए भी हमें तैयार कर रहा है, जहां क्वालिटी, विश्वास और इनोवेशन के साथ हम हर ऊंचाई छूने को तत्पर हैं।

आइए, मिलकर नए रास्ते बनाएं

"यदि आप तेज चलना चाहते हैं, तो अकेले चलें। लेकिन अगर आप दूर तक चलना चाहते हैं, तो साथ-साथ चलें।"

– रतन टाटा

तो अभी के लिए मेरी तरफ से बस इतना ही! पिछले 40 वर्षों में सीखी गईं बातें और मेरी यादों के कुछ अनमोल पल आपके साथ साझा कर रहा हूँ। इरादा सरल और शुद्ध है - वायर और केबल इंडस्ट्री में वैल्यू जोड़ना, जो मेरी रोज़मर्रा की खुशी का एक अभिन्न हिस्सा हैं।

अगर आपके मन में कोई सवाल है, या कुछ जानना चाहते हैं, तो मैं यहीं हूँ। एक एक्सपर्ट के तौर पर आपकी हर जिज्ञासा और ज़रूरत में सहायता के लिए तत्पर हूँ।

आपके फीडबैक और प्रश्न मेरे लिए बेहद मूल्यवान हैं। मुझे आप किसी भी समय नीचे दी गयी मेरी ईमेल आईड पर लिख सकते हैं

Email Id: md@vikasspool.com

⦸⦸⦸⦸